ビーズ刺し子のステッチアイデア

基本の刺し方、ビーズと刺繍糸の組み合わせサンプル集

米永真由美

誠文堂新光社

はじめに

刺し子をやってみたい、とふと思い立ったけれど、ふきんを刺すほどの時間はない、そして根気もない……。ちょこっと刺してステキに見える刺し子ってないものかしら、と考えながら始めてみた刺し子。
普段、ビーズ刺繍をしている私は、刺し子にもビーズを組み合わせてみたくて、模様の長さに合う一分竹ビーズを通して刺してみたのがビーズ刺し子の始まりです。

点と点をつなぐ刺し子の伝統模様は、シンプルだけれどアレンジがしやすく、お絵描きのように模様をつなげていく工程がとても楽しい。そして、光らせたいところにビーズを通しながらぐし縫いをしていくと、ビーズ刺繍のような煌びやかさが生まれます。
特別な技法は必要ないけれど、ビーズと糸の色の組み合わせによって変化する模様を作るのが、それはもう楽しくて。

刺し順がわからなくなっても気にせずに、図案に描かれた通りにすべての線を刺していけば万事OK。刺し忘れたところは、戻ってもう一度刺せばいいんです。材料も道具も手順も少なく、手芸に初めて挑戦するという人にもおすすめなので、気軽に気楽にトライしてとにかく楽しんでいただきたい。
この本を通して「これなら私も刺せそう！」と思っていただき、針を持つきっかけになれましたら幸いです。

米永　真由美

contents

- 2 はじめに
- 4 ビーズ刺し子とは
- 10 基本の刺し方
- 20 ビーズ刺し子のアレンジ法
- この本の使い方

ビーズ刺し子の基本ステッチ

- 22 平山道、十の木、角十つなぎ、柿の花
- 24 段つなぎ、矢羽根、六文銭刺し、銭形刺し、十字花刺し
- 26 杉綾(1)(2)、格子(1)(2)、平井十文
- 46 篭目、菱模様、立三枡、十字亀甲(1)(2)
- 48 二崩文、花刺し、比翼井桁、麻の葉

28、50 基本ステッチの応用とアレンジ

ステッチのサンプラー

30	段つなぎ	55	杉綾
31	十の木	56	米刺し
32	柿の花	57	花刺し
33	平山道	62	篭目
38	角十つなぎ	63	菱模様
39	矢羽根	64	比翼井桁
40	格子	65	平井十文
41	銭形刺し	66	立三枡
52	銭形刺し	67	十字亀甲
53	六文銭刺し	68	二崩文
54	十字花刺し	69	麻の葉

ビーズ刺し子の作品アイデア

- 34 ポーチ／がまぐち
- 36 テトラポーチ／きんちゃく
- 42 ソフトめがねケース／ピンクッション
- 58 バレッタ、ポニーフック／キーケース
- 60 くるみボタン／オーナメント
- 70 額縁／マルチカバー

- 72 基本ステッチの図案
- 76 基本ステッチの応用とアレンジ図案
- 80 作品の作り方
- 84 型紙
- 86 糸とビーズ一覧

ビーズ刺し子とは

刺繍糸と竹ビーズを組み合わせて、伝統模様を表現する刺し子のことを「ビーズ刺し子」と呼びます。ビーズ刺し子に使うのは、竹ビーズという一節の竹のような形をした細長い形状のビーズ。光沢のあるシャープな印象のビーズで、細いラインを描いたり縁取りをしたり、並べて面を埋めるときなどに活躍します。

この本では、長さ3mmの一分竹ビーズをメインで使い、刺繍糸との組み合わせを考えながら、刺し子模様を布に刺していきます。どの模様も横→縦→斜めの順に刺し進め、途中で針に竹ビーズを通しながら、模様の中にビーズを刺し入れていきます。

図案作成には5mmの方眼紙や専用のプレートが活躍します。点と点を線でつないで模様を描けば、どの線の部分にも竹ビーズが入れられる図案になりますよ。

"刺し子"という言葉から、完成形にふきんを連想する方もいるかもしれません。

ビーズ刺し子は、刺繍糸とビーズを組み合わせることで布の表面に色彩と立体感と光沢が加わり、ワンポイントや縁飾りとしても華やかに楽しめるようになります。

一般的な刺し子に色彩と立体感が加わるため、さらに自由度がアップした作品に仕立てることができます。

まずはベースになる布を選び、どこにどのような模様を入れるか考えてみてください。どんな作品を作りたいかを先に考えてもよいですよ。

そして、ビーズ刺し子に慣れてきたら、ビーズの数を増やしたり、ビーズと刺繍糸の色の組み合わせをアレンジして、いろいろな作品制作にチャレンジしてみてください。糸の本数を変えるだけでも完成の印象がかなり変わりますし、作品に仕立てなくても、思い描いた模様を布にちょこっと刺すだけで楽しんでいただけると思います。

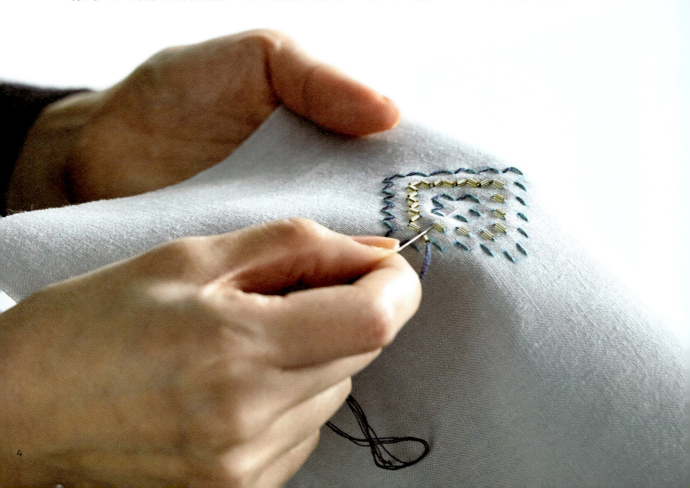

ビーズ刺し子の特徴

1 ビーズは1種類、刺繍糸はお好みで

使用するビーズは竹ビーズのみ。刺繍糸は好きな色を選んでください。家にある刺繍糸でもいいですよ。少ない材料で始められるのがビーズ刺し子の魅力です。

2 材料が揃えやすい

竹ビーズと刺繍糸は、手芸店やネットショップのほか100円ショップでも購入可能。近くに手芸店がないエリアでも入手しやすいので、気軽に始めることができます。

3 布に点を描いて準備完了

図案起こしが簡単なのもビーズ刺し子の特徴。刺し子をしたい布に5mm間隔で点を打ち、フリーハンドで点と点をつないでいけば、あっという間に図案が完成します。

4 刺す方向は縦、横、斜め

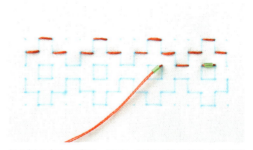

針を刺す方向は常に一方向。最初に横の線をすべて刺し、次に縦の線、斜めの線を刺します。ビーズを入れるときは針にビーズを通します。

5 一つの図案でアレンジができる

ビーズや刺繍糸の色を替えたり、ビーズを入れる場所を変えたり、すべての線をビーズで刺してみたり。一つの図案から驚くほどたくさんのバリエーションが生まれます。

6 8mm方眼で二分竹ビーズに転用可能

8mm間隔に打った点で図案を作ると、二分竹ビーズ（6mm）が使える図案に早変わり。大きな布に刺したいときや二分竹ビーズを使いたいときに活用してください。

ビーズ刺し子の手順

ビーズ刺し子をして作品を仕立てる際の大まかな流れです。
作品に仕立てず、刺し子だけでも楽しめます。

1 型紙を作る

作りたい作品の型紙を用意します。本書掲載の作品を作る場合は、ハトロン紙などの透ける紙をp.84〜85の型紙の上にのせ、鉛筆やペンで線をなぞります。線に沿ってはさみで切れば型紙の完成です。
＊本書の型紙には縫い代がついていません。

2 図案を写す

作品のどの部分にビーズ刺し子をするか考えます。該当箇所の布に5mm間隔の点を打ち、基本のステッチやアレンジステッチ、サンプラーを参考にしながら点と点をつなぎ、刺したい図案を布に写します。

3 ビーズ刺し子をする

布に写した図案の上にビーズ刺し子をします。ビーズを入れる場所を間違えないように。間違えても元に戻せるので焦らずに、自分のペースで刺し進めていってください。

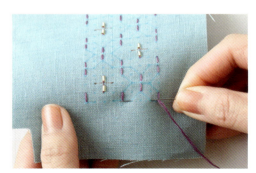

4 仕立てる

最後に作品に仕立てます。ミシンを使えば、早く、きれいに、丈夫に仕上がります。持っていない場合は、小さな作品ならば手縫いでも問題ありません。少しくらい縫い目が粗くガタついても自分で使うならOKとしましょう！

でき上がり

作品を作る場合は上記の流れで進めます。作品にしない場合は1と4を除いてください。

道具

この本で使う主な道具です。絶対にこれじゃないといけない！というわけではないので、代用できる品があればそちらを使ってもよいです。

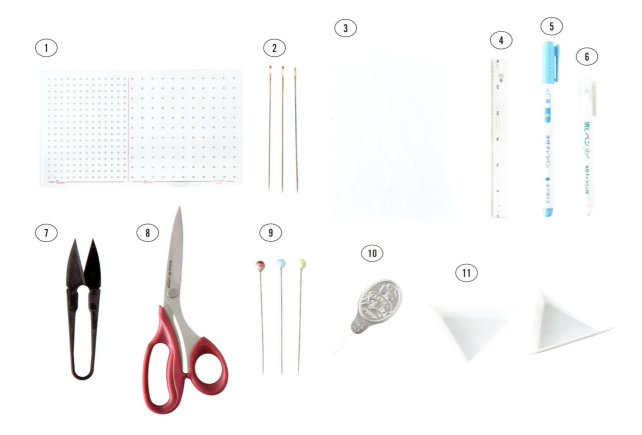

① ビーズ刺し子テンプレート
5mm、8mmの等間隔の印付けができる、ビーズ刺し子専用のテンプレート。5mm間隔は一分竹ビーズ、8mm間隔は二分竹ビーズの刺し子ができます。

② ビーズ刺し子用針
刺し子をするときに使用。本書では、ビーズに糸を通しやすくするために針穴のサイドを薄くしたビーズ刺し子専用針を使用。

③ 方眼紙
図案写すときに使います。一分竹ビーズを使うときは5mm角、二分竹ビーズを使うときは8mm角のものを使ってください。

④ 定規
布に型紙を写したり、点と点をつないで図案を写すときに使います。

⑤ チャコペン（水性チャコペン）
布に図案を写すときに使います。糸を刺す箇所とビーズを入れる箇所で色を分けると刺し間違えにくくなります。代替品として熱で消えるタイプの水性ペンを使っても。

⑥ 消しペン（水性チャコペン用）
図案を写し間違えたとき、チャコペンの上をなぞると線が消えます。全体を消したい場合は霧吹きで水を吹きかけてください。
＊消えるのはチャコペンのみで、チャコペンシルは消えません。

⑦ 糸切りはさみ
刺繍糸を切るときに使います。

⑧ 裁ちばさみ
布を切るときに使います。

⑨ まち針
型紙を布に固定するときに使います。

⑩ スレダー
針に糸を通すときに使います。

⑪ ビーズトレー
ビーズを入れる器。一色につき一つのトレーに入れて使います。三角形の角は、針にビーズを通しやすく、袋に戻すときはこぼれにくく便利です。

問い合わせ先：
① ② ⑤ ⑥ ⑦ ⑧ ⑨ ⑩ ⑫
クロバー株式会社
⑪
トーホー株式会社

材料

ビーズ刺し子は、材料が少なく手に入りやすいのが特徴です。ビーズや刺繍糸の色で作品の印象が変わりますので、たくさん作って楽しんでください。

▶ 竹ビーズ

竹のような細長い筒状のビーズ全般の名称で、線のような模様が描けます。ビーズ刺し子はビーズ部分に竹ビーズのみを使い、ほかの形のビーズは使用しないため、材料が揃えやすいのが特徴です。
*この本ではトーホーの竹ビーズを使っています。

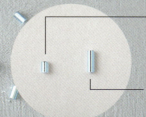

一分竹ビーズ
長さ3mmの竹ビーズ。

二分竹ビーズ
長さ6mmの竹ビーズ。一分竹ビーズの2倍の長さです。

ビーズの準備
ビーズトレー（なければ小皿やハンカチ）などにビーズを出しておくと転がらずに使えて便利。色ごとに分ければ、わかりやすいです。

糸の通し方
ビーズを刺す場所がきたらビーズの穴に針先を通し、指定の場所に針を刺してビーズを刺します。トレーの角から針先で一つずつすくい上げてもよいです。

▶ 布

この本ではリネンや綿麻などの折り目の細かい布を使っています。刺繍糸やビーズはフェルトやウールなどの厚手の布にもよく合います。針が通ればデニム生地に合わせても。

▶ 接着芯

刺し子をする部分の裏側に貼って使います。生地にハリが出て安定し、薄い布でも刺しやすくなります。この本ではアイロン接着タイプを使っています。

▶ 刺繍糸

刺繍に適した色糸。色数がたくさんあるので、ビーズと色の組み合わせが楽しめて作品の幅が広がります。糸を針に通した状態で竹ビーズの穴に通る太さの糸であれば、手持ちの糸を使ってもOKです。

＊この本ではDMCの25番糸を使っています。

糸の準備

①糸の束から糸を取り出します。②約60cmの長さにカットします。③糸の束から1本ずつ真上に引き抜きます。④3本を束ねて1本の糸にします。⑤針穴にスレダーを入れ、糸を通します。⑥片方の糸端を玉結び、糸端を5mm残してカットします。

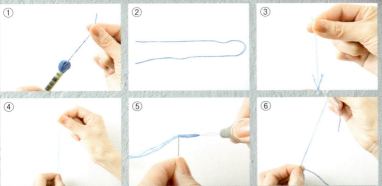

糸の準備ができました

＊刺し子は、玉結びや玉止めをしないことが多いですが、本作品ではビーズを刺す特性上、玉結び・玉止めをして制作をします。

▶ 図案／型紙

p.72〜79やサンプラーを参考にして図案を用意します。作品に仕立てる場合は型紙を用意して、刺し子をする場所に図案を写します。

＊図案を写す際はハトロン紙やトレーシングペーパーを使用してください。

手芸用キットがおすすめ

手芸店やネットショップで手に入る「がまぐちキット」や「ポーチキット」などの手作りキット。型紙から布を裁断し、外側になる部分にビーズ刺し子を施して、説明書通りに仕立てれば完成するので、型紙を起こす作業が省略できます。作品に仕立てる工程も詳しく解説されているので、刺し子や手作りに初めて挑戦する方はぜひ活用してみてください。

＊作品に仕立てる場合は、手縫いやミシン用の糸や針など、それぞれ必要な道具と材料を用意してください。

基本の刺し方

ビーズ刺し子ポーチの作り方

ビーズ刺し子の刺し方を、p.34、上から2つ目のポーチの作り方のプロセスに沿って紹介します。

材料	（小5×15cm）	（中6×19cm）	（大8×18cm）	
・表布、裏布	9×18cm	10×23cm	13×22cm	＊各2枚
・接着芯	7×16cm	8×21cm	11×20cm	＊各2枚
・ファスナー	14cm	18cm	16cm	

型紙を作る

作品に仕立てる場合は、最初に型紙を用意します。どんな作品を作るかを考え、その作品の型紙を用意してください。型紙に縫い代がない場合は、写すときに描き加えることを忘れずに。

> 作品に仕立てない場合はこの工程は省いてOK！

【この本の型紙を使う場合】

1 トレーシングペーパーやハトロン紙（なければ不織布などの写しやすい紙）をp.84～85の型紙ページにのせ、外側の線（でき上がり線）を写します。合印やひも通し位置なども忘れずに写してください。

2 でき上がり線で切ります。

> このポーチの図案は、本書カバーをめくった袖にあります

でき上がり

型紙ができました。

> p.84～85の型紙には縫い代が含まれていません。布に写す際に縫い代をつけて写します。
> ＊p.80～83参照

布を準備する

布を裁断して接着芯を貼るまでの工程です。接着芯を貼ると布にハリが出て型崩れしにくくなり、刺し子がしやすくなります。

1 表布を中表に二つ折りにし、型紙をのせてまち針を打ちます。

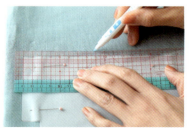

2 型紙の周囲にチャコペンで1cm（ファスナー口は7mm）の縫い代線を描きます。合印も忘れずに描き写しましょう。

3 縫い代線で布をカットします。

表布が2枚できました。

4 接着芯をのり面を内側にして2枚重ねます。型紙をのせてまち針を打ち、でき上がり線でカットします。

5 表布の裏側（でき上がり線）に接着芯ののり面を合わせて、アイロンで接着します。

表布に接着芯が貼れました。

6 裏布を作ります。裏布を中表にして重ね、型紙をのせてまち針を打ちます。チャコペンで型紙の周囲をなぞり、さらに縫い代1cm（ファスナー口は7mm）を描きます。縫い代線でカットします。

でき上がり

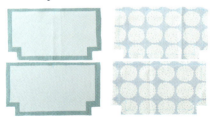

表布と裏布が準備できました。

布に図案を写す

布のどの部分に、どんな模様を刺すか決めて図案を写します。完成した形をイメージしながらビーズ刺し子をする場所を決めてください。

1 5mmの方眼紙に型紙をのせ、でき上がり線を写します。刺し子をする場所を決め、p.72〜79を参照してその部分に図案を描きます。

方眼紙に図案が描けました。

 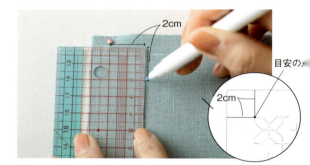

2 布の表側から、でき上がり線の上2つの角にまち針を打ちます。図案を写す際の目印になります。

3 1で描いた図案の、左端の角を目安の点にします。でき上がり線からこの点までの長さを測り(この図案では上から2cm、左から2cm)、2のまち針を目印にしながら、布の同じ場所に点を描きます。

方眼紙を使って点を描く場合

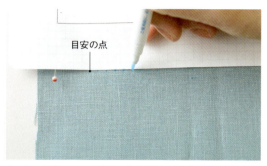 

3の点から横に5mm間隔で点を描きます。点が曲がらないよう注意してください。

両端にも5mm間隔の点を描きます。

【 ビーズ刺し子テンプレートを使って点を描く 】

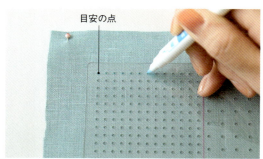

でき上がり

> テンプレートの代わりに方眼紙を使って点を描くこともできます。方法は下記参照

4 テンプレートを置き、刺し子をする場所に5mm間隔の点を描きます。全面に刺し子をしたい場合は全面に点を描いてください。
＊でき上がり線には描かない

5mm間隔の点が描けました。

point!
ビーズを入れる箇所は、別色のチャコペンで線を描くと、ビーズの刺し忘れが防げます。

でき上がり

布に図案が写せました。

5 1を見ながら、点をつないで図案を描きます。間違えたところは消しペンで消してください。消しペンがない場合は綿棒に水をつけて拭くと消えます。

> ビーズは縫い代に入りません。写す際はビーズが入る箇所が縫い代をまたがないように！

2段目以降は両端の点と点をガイドにしながら横に5mm間隔の点を描きます。

ビーズ刺し子をする

いよいよビーズ刺し子をする工程です。図案の線の上に糸を渡し、線がない部分は布をすくって進みます。針にビーズを通すときは指を刺さないように注意！

【 横の線を刺す 】

1 横の線、1列目を刺します。右端下の点の裏から針を刺し、表に出します。

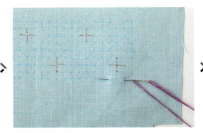

2 横の点に針を入れ、布をすくって次の点の裏から針を出します。

1目刺せました。線の上に糸を渡し、線がないところは布をすくうと覚えておきましょう。

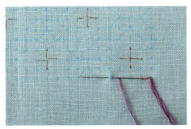

3 線が2本以上続くところは、1本ずつ区切るイメージで線と線の間にある点をすくいます。

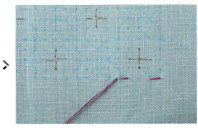

線と線の間の点をすくったところ。

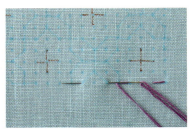

4 続けて次の点に針を入れて布をすくい、次の点から針を出して表に出します。慣れてきたら並縫いのように刺し進めます。

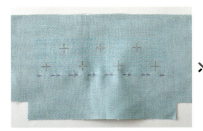

1列目が刺せました。

5 糸の上に沿って布をしごき、布と糸をなじませてヨレや縫い縮みをなくします。強くしごきすぎると布が伸びてしまうのでなるべくやさしく。

布のヨレがなくなりました。

刺し始めるとき

最初の1目が糸かビーズか、しっかり確認する習慣をつけると刺し間違いを防げます。慣れてきたころにビーズを入れ忘れたりします。

ビーズを入れ忘れたら

入れ忘れたのが直前の場合は、布に対して針先を上にして針を直角にし、そのまま糸を引っ張れば、布の穴から針が出てきます。同じ要領で何目か戻すことができます。
＊糸を割ってしまっている場合は戻せません。

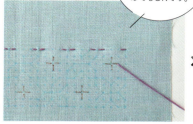

刺す方向は「右から左」。左利きの方は「左から右」に進めてもOKです。

6 布を180度回して2列目を刺します。右端の点から針を出します。

7 ビーズを刺す場所にきました。針にビーズを通し、そのまま下に移動させて布の近くまで寄せます。

8 針で布をすくい、針を出します。

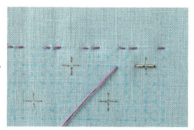

ビーズが付きました。

9 図案通りに刺し進めます。針にビーズを通し、布をすくって針を出します。

もう1つビーズが付きました。

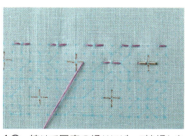

10 続けて図案の通りにビーズを通しながら刺していきます。

2列目が刺せました。布をしごいて縫い縮みをなくします。残りの列も同様に刺します。

でき上がり線の上にビーズがのらないようにしましょう。

11 横の列が刺せました。

糸の替え方

糸が短くなったら、裏側で玉結びをして新たな糸に替えます。玉結びは浮かないように注意。布端で玉結びをすると布がヨレにくくきれいな仕上がりになります。

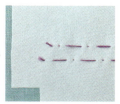

玉結びができました。5mm残して糸をカットします。新たに用意した糸で続きを刺します。

【 縦の線を刺す 】

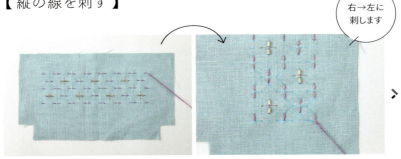

右→左に刺します

1 布を時計回りに90度回します。右端下の点から針を出します。

2 横の点に針を入れ、布をすくって次の点から針を出します。

1目刺せました。

3 線が2本以上続くところは、線と線の間の点を、横の線があればその糸と下の布をすくいます。

4 もう1目刺せました。図案通りに刺し進めます。

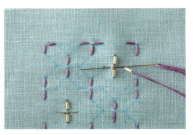

1列刺せました。

5 2目目を刺します。布を180度回し、右端の点から針を出して、針にビーズを通します。

6 次の点に針を入れ、布をすくって次の点から針を出します。

ビーズがつきました。残りの線を刺します。

7 縦の線が刺せました。

【 斜めの線を刺す 】

1 斜めの線は刺しやすい場所から始めてください。布の裏から針を出して引き出します。

2 斜めの線に沿って針を入れ、布をすくいます。

斜めの線が1列刺せました。

3 近い場所にある点から針を出し、次の線を刺します。

斜めの線がもう1列刺せました。

4 近くの点から針を出します。斜めの線は同じ方向だけでなく、反対方向に進めてよいです。

5 次の点までの距離が遠い場合は、玉結びをして糸を切り、次の点からあらためてスタートします。

斜めの線が刺せました。

ビーズ刺し子が刺せました。

ポーチに仕立てる

ビーズ刺し子をした布は、そのまま飾ったり作品に仕立てて楽しめます。ここではポーチに仕立てる工程を紹介します。作品を作る際の参考にしてください。

作品に仕立てない場合はこの工程は省いてOK！

1 ファスナーの中心に印をつけます（両サイド、両面）。

2 ファスナー裏面の布端にボンドをつけ、布を裏側に折ります。

3 折った布にボンドをつけ、ファスナーにかからないよう布端を三角形に折ってクリップで固定します。4か所すべて固定し、ボンドを乾かします。

4 布の表面にアイロンをあてるか霧吹きで水を吹きかけてチャコペンの印を消します。布の縮みを防ぐために、水はたっぷりめに吹きかけます。

5 裏面からアイロンを中温であて、しわを伸ばします。

6 表布とファスナーを中表にして重ね、中心の合印を合わせます。中央、ファスナーの両端端にまち針を打ちます。ファスナーの端にまち針を打つ際は、ファスナーを少し開けてください。

7 裏布を中表にして6の上に重ね、中心の合印を合わせ、6で打ったまち針を同じ場所に打ち直します。

8 ファスナー端から縫い代7mmで縫います。縫い始めと縫い終わりは返し縫いをします。

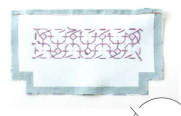

裏側はこんな感じ

裏布をめくるとこんな感じ

9 ファスナーの反対側も同様に、表布、ファスナー、裏布の順に重ねてまち針を打ち、ファスナー端から縫い代7mmで縫います。

ファスナーが縫えました。表から見たところ。

裏から見たところ。

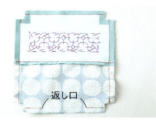

10 裏布のファスナーの折山から2mmのところに押さえステッチ（または星止め）をします。表布を一緒に縫わないように注意してください。

11 表布、裏布同士を中表に合わせます。でき上がり線の角を合わせ、まち針をぐるりと一周打ちます。

12 返し口を7cm残して1辺ずつ縫います。ファスナーは半分以上開けておきます。

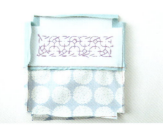

13 縫い代をすべて割り、アイロンをかけます。

14 布をつまんで立体にします。サイドと底の縫い目が一直線になるようにマチを作り、まち針を打ちます。4つの角すべて同様にします。

15 マチ部分のでき上がり線を縫います。

接着芯のきわを縫う、と覚えておきましょう。

16 返し口から表に返し、形を整えます。

17 返し口はコの字とじをします。

でき上がり

ポーチが完成しました。

＼ 少しの工夫で変化を楽しむ ／
ビーズ刺し子のアレンジ法

ビーズの
大きさを
替える

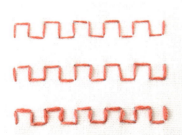

糸の本数を
変える

本書の刺し子の多くは3本どりで制作しています。糸の本数を増減させると、糸の色やツヤに変化が生まれ、同じ図案でも異なる印象の作品に仕上がります。

p.12で布に図案を写す際、8mm方眼を使って点を描くと、二分竹ビーズが使える大きな図案になります。大きく刺し子をしたいときや、刺す面積が広いときなどに活用すると楽しめます。
＊本書掲載の作品の多くは、5mm方眼で作成した図案に一分竹ビーズで刺し子をしています。

糸やビーズの
色を替える

糸の色、ビーズの色、布の色を替えることで、一つの図案からたくさんのバリエーションが生まれます。繰り返しの模様も、ビーズの場所を変えたり、色の合わせ方を変えることで印象ががらりと変わるので、組み合わせの違いから生まれる新しい発見を楽しんでください。

この本の使い方

ビーズ刺し子の基本ステッチ（p.22〜）、基本ステッチの応用とアレンジ（p.28〜）、ステッチのサンプラー（p.30〜）はすべて作品を実物に近いサイズで掲載しています。
＊布に刺している作品のため、多少のゆがみがあります。

それぞれの写真の上に透ける紙（ハトロン紙やトレーシングペーパー）をのせ、糸とビーズ部分を描き写せば図案として使用できます。

WEBマガジン『Migrateur（ミグラテール）』のMigrateur STOREにて、サンプラーページの図案がダウンロードできます。

Migrateur STORE
CATEGORY／
デジタルアイテム

＊本書掲載の作品はすべて参考作品です。p.84〜85の型紙を活用し、好きな図案を刺して仕立ててください。

この本で紹介している模様や手順は数ある刺し子のなかの一つの方法です。この方法でないとダメ！この順番でないとNG！ということはまったくなく、手順や流れ、なんなら道具や材料だってなんでもいいし、本当に自由でいいのです。刺し子という概念にとらわれず、針目や裏側表側、刺し順などもあまり気にしすぎないで、まずは自由にとにかく刺してみてください。自分で考えることが苦手な方は、まずはサンプラーページを参考にして、まったく同じビーズと糸でチャレンジしてみてください。いくつか刺したらリズムがつかめてくるはず。作品作りはくるみボタンあたりから挑戦するのがおすすめですよ。

刺し子に挑戦したい、作ってみたいという気持ちを行動に移していただければこんなにうれしいことはありません。もっと楽に、もっとラフに、刺繍や刺し子が苦手な方こそビーズ刺し子を！ 自分なりの道順でビーズ刺し子と出会っていただけますように。

> 刺したい模様を方眼紙に描いてみることから始めましょう。
> いきなり布に図案を描いたり、描きながらどうしようか考えるのではなく、まず刺したい模様を決め、どのような形に仕上げるか考えてから始めると、ビーズ刺し子も、作品を仕立てる工程もスムーズに進みますよ。

BEADS SASHIKO BASIC STITCH

ビーズ刺し子の基本ステッチ

ビーズ刺し子の基本となるステッチと、刺し方のプロセスです。これらのステッチを組み合わせたりアレンジすることでさまざまなパターンに活用できます。まずは基本のステッチに慣れるところからスタートします。

平山道　⇒サンプラー p.33／図案 p.72

十の木　⇒サンプラー p.31／図案 p.72

角十つなぎ　⇒サンプラー p.38／図案 p.72

柿の花　⇒サンプラー p.32／図案 p.72

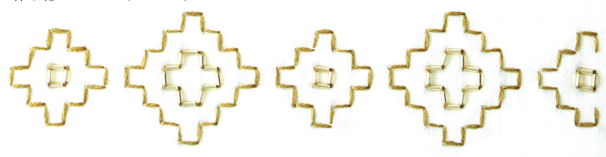

❖ 平山道の刺し方

1：右端下の点から糸を出してスタート。
2：線の上に糸を渡し、線がないところは布をすくって横の線を刺す。
3：布を180度回し、右端下の点から糸を出して横の線を刺す。
4：ビーズを入れながら縦の線を刺す。

❖ 十の木の刺し方

1：ビーズを入れながら横の線を刺す。
2・3：布を180度回し、右端の点から糸を出して横の線を刺す。
4：縦の線を刺す。

❖ 角十つなぎの刺し方

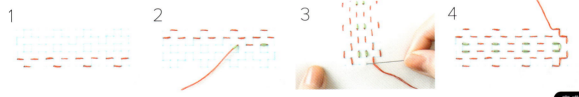

1：横の線を刺す。　2：布を180度回し、ビーズを入れながら横の線を刺す。
3：布を90度回し、刺す方向が右→左になるように布を持ち替える。　4：縦の線を刺す。

❖ 柿の花の刺し方

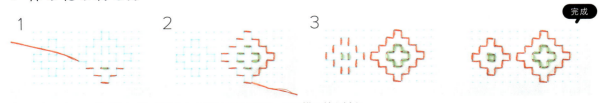

1：モチーフを一つずつ刺す。ビーズを入れながら1つ目のモチーフの横の線を刺す。
2：ビーズを入れながら縦の線を刺す。　3：次のモチーフを刺す。

段つなぎ　⇒サンプラー p.30／図案 p.72

矢羽根　⇒サンプラー p.39／図案 p.73

六文銭刺し　⇒サンプラー p.53／図案 p.73

銭形刺し　⇒サンプラー p.52／図案 p.73

十字花刺し　⇒サンプラー p.54／図案 p.73

❖ 段つなぎの刺し方

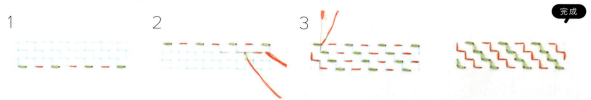

1：ビーズを入れながら横の線を刺す。　2：布を180度回し、続けて横の線を刺す。　3：縦の線を刺す。

❖ 矢羽根の刺し方

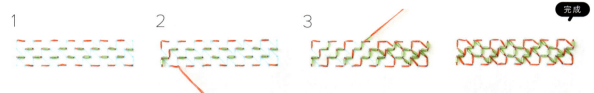

1：ビーズを入れながら横の線を刺す。　2：縦の線を刺す。　3：斜めの線を刺す。

❖ 六文銭刺しの刺し方

1：ビーズを入れながら横の線を刺す。　2：縦の線を刺す。　3：山と谷を描くように斜めの線を刺す。

❖ 銭形刺しの刺し方

1：ビーズを入れながら横の線を刺す。　2：縦の線を刺す。　3：山と谷を描くように斜めの線を刺す。　4：残っている斜めの線を刺す。

❖ 十字花刺しの刺し方

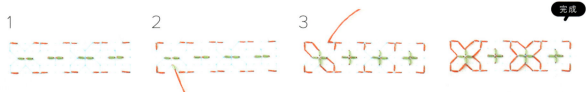

1：ビーズを入れながら横の線を刺す。　2：縦の線を刺す。　3：モチーフを一つずつ完成させながら斜めの線を刺す。

25

杉綾（1） ⇒サンプラー p.55 ／図案 p.73

杉綾（2） ⇒サンプラー p.55 ／図案 p.73

格子（1） ⇒サンプラー p.40 ／図案 p.74

格子（2） ⇒サンプラー p.40 ／図案 p.74

平井十文 ⇒サンプラー p.65 ／図案 p.74

❖ 杉綾（1）の刺し方

1　　　2　　　3　　　4　　　完成

1・2：ビーズを入れながら縦の線を刺す。上段の糸に針をくぐらせて斜めの線を刺す（くぐり刺し）。
3：下段は糸をくぐらせた後、反対側から針を入れて一周させる。　4：下の段を刺し終えた。布を180度回し、同様の手順で上の段を刺す。

❖ 杉綾（2）の刺し方

1　　　2　　　3　　　完成

1：ビーズを入れながら1列目の片方の斜めの線を刺す。　2：布を180度回して1列目の反対側の斜めの線を刺す。
3：2列目の斜めの線を刺す。

❖ 格子（1）の刺し方

1　　　2　　　3　　　完成

1：ビーズを入れながら横の線を刺す。線が連続しているところは中央の点をすくう。
2：布を180度回して残りの横の線を刺す。　3：縦の線を刺す。

❖ 格子（2）の刺し方

1　　　2　　　3　　　完成

1：ビーズを入れながら横の線を刺す。　2：布を180度回して残りの横の線を刺す。　3：ビーズを入れながら縦の線を刺す。

❖ 平井十文の刺し方

1　　　2　　　3　　　4　　　完成

1・2：ビーズを入れながら横の線を刺す。
3・4：ビーズを入れながら縦の線を刺す。線が連続するときは線と線の間の点を少しすくって刺し進める。

27

BASIC STITCH ARRANGEMENT
基本ステッチの応用とアレンジ
⇒図案 p.76〜77

ビーズ刺し子の基本ステッチと、刺し子の代表的な模様を四角形にアレンジしました。リピートして図面に起こせば、広い範囲に刺し子ができます。

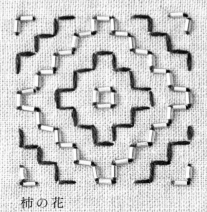

柿の花

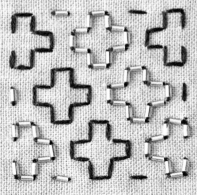

十の木

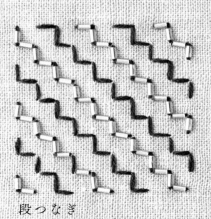

段つなぎ

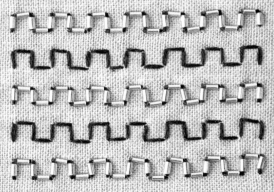

平山道

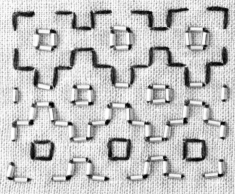

角十つなぎ

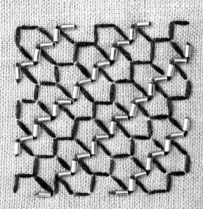

矢羽根

格子

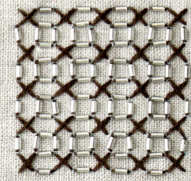
銭形刺し

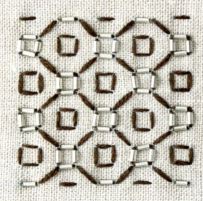
六文銭刺し

銭形刺しのアレンジ

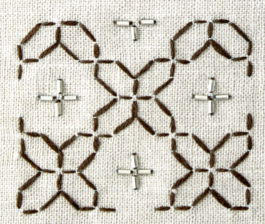
十字花刺し

杉綾

STITCH SAMPLER
ステッチのサンプラー

基本ステッチを応用したビーズ刺し子のサンプラーです。透ける紙をのせて線を写せば図案としても使えます。ビーズ刺し子を楽しむアイデアソースとして活用してください。

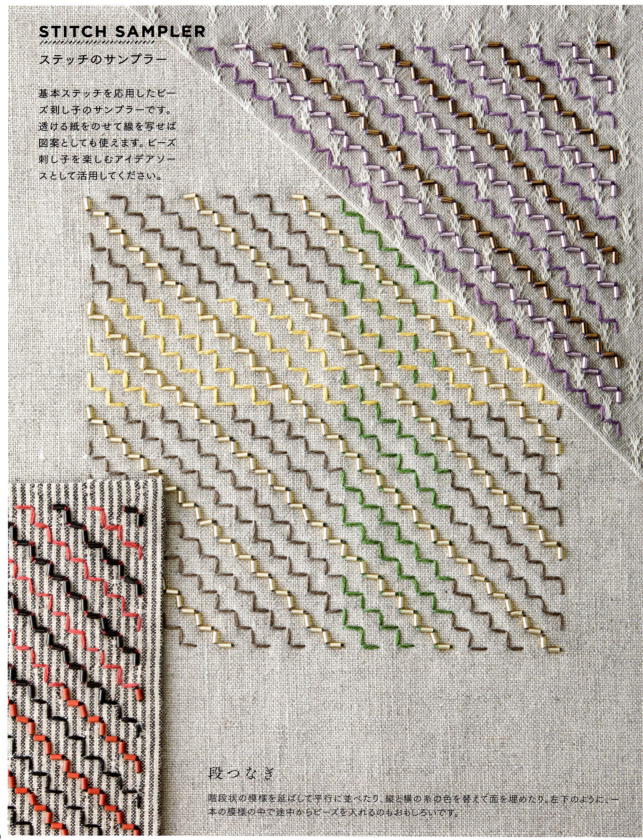

段つなぎ

階段状の模様を延ばして平行に並べたり、縦と横の糸の色を替えて面を埋めたり。左下のように、一本の模様の中で途中からビーズを入れるのもおもしろいです。

十の木　十字模様を組み合わせてパズルのように配置したり、縦横一列に並べるのもかわいい。シンプルな模様なので、縦と横の線が曲がらないように気をつけて。

柿の花　ビーズを一周ごとに入れたり、縦と横の線で糸の色を替えたり。図案を作る際は中心の四角からスタートし、刺したい範囲に模様を一周ずつ広げていくと描きやすいです

平山道

縦と横の線で描くシンプルな模様。ランダムにビーズを入れると、刺し子に光がちりばめられているような仕上がりに。柿の花、角十つなぎ、十の木など縦×横の線で描ける模様との相性も◎。

BEADS SASHIKO WORK
ビーズ刺し子の作品アイデア

基本のステッチを応用して作品に仕立てました。最初は刺す面積の少ない小物から作り始めるのがおすすめ。キットなども活用して作りたい作品を探してみてください。

ポーチ　型紙の高さを変えればサイズをアレンジできます。模様を布に描いてからポーチのサイズを決めてもよいですよ。刺繡糸とファスナーの色を合わせるのもステキ。
大／中／小 》作り方 p.10／型紙 カバー袖、p.84

がまぐち　刺繍の面積が小さいがまぐちは、柿の花や米刺しなど、細かな模様がおすすめです。口金や縫い目の近くにビーズを入れると、割れたり糸が摩擦で切れやすくなるので注意して。
》作り方 p.80 ／型紙 p.85

テトラポーチ

昔の牛乳パックのようなフォルム。ファスナーを挟んで左右で異なる模様を刺す場合は、左右でビーズや糸の色を揃えるとまとまった印象に仕上がります。図案はファスナーと縫い目近くを避けて描いてください。

》作り方 p.81 ／型紙 p.84

きんちゃく　ビーズ、糸、ひもの色を同系色にすると統一感のある印象に。1作品に使う色を1〜3色にとどめるのが
おすすめです。刺す範囲が広い場合は8mm方眼を使ってダイナミックに一つの模様を刺しても。
大／小 ▶ 作り方 p.81／型紙 p.85

STITCH SAMPLER

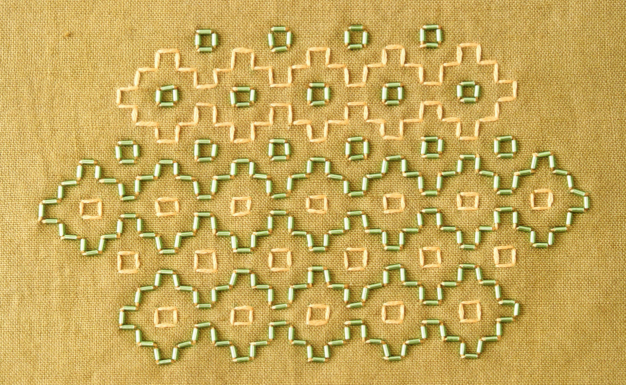

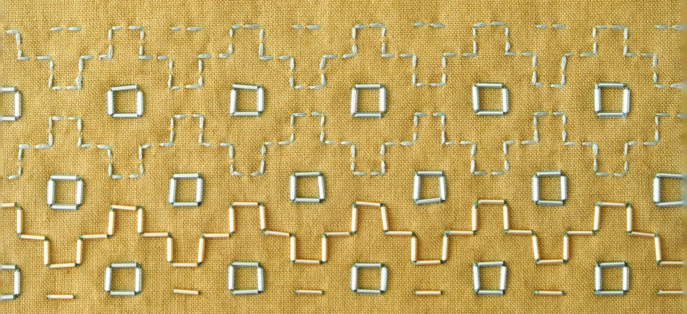

角十つなぎ　模様を描くときは、刺し子をする範囲に模様が何列入るかを計り、真ん中の四角から上下左右に模様を描き足していきます。四角と凹凸のどちらか一方にビーズを入れるときれいです。

矢羽根

縦と横の線で階段状に刺した後、角から角へ斜めに刺していきます。8mm方眼を使って図案を描き、縦と横の線は二分竹ビーズ、斜めの線を2つに分けて一分竹ビーズを2つ使っても。

格子　シンプルな模様でごまかしがきかないので、線が曲がらないよう意識して刺します。ビーズと糸の色を極端に変えてもおもしろそう。縁飾りとしても活用できます。

銭形刺し　上下は5mm方眼、中は8mm方眼で図案を描きました。四角を刺した後に、四角の角を斜めに結びます。斜めの線が5mmは交差し、8mmは2本に分かれるので、配色が楽しめます。

41

BEADS SASHIKO WORK

52

ソフトめがねケース　キルト芯の入った柔らかいケース。右側の脇は輪になっているので、裏側まで模様をつなげることができます。袋口や左脇の縫い目を避けて図案を配置してください。
≫作り方 p.82／型紙 p.84

ピンクッション　針を刺すことを考えて、模様の中に空間のある図案を選んだり、空間を作って模様を配置するのが◎。器の色と刺繍糸、または布は同系色を選ぶと全体がまとまります。
カップ入り／正方形 》作り方 p.83／型紙 p.84

Enjoy sashiko with a combination of beads and embroidery thread.

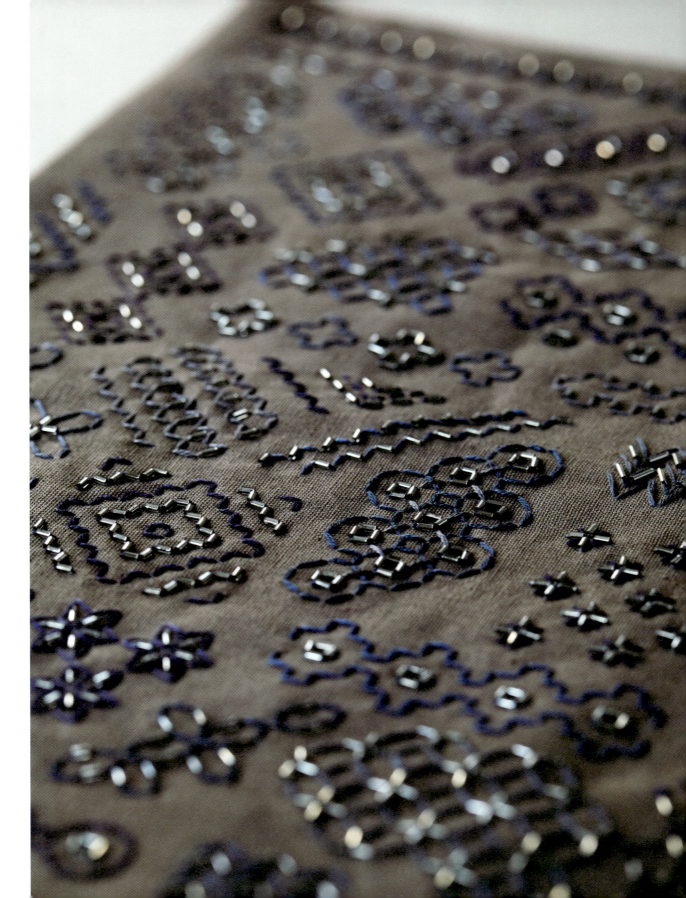

BEADS SASHIKO BASIC STITCH

篭目　⇒サンプラー p.62／図案 p.74

菱模様　⇒サンプラー p.63／図案 p.74

立三枡　⇒サンプラー p.66／図案 p.74

十字亀甲（1）　⇒サンプラー p.67／図案 p.75

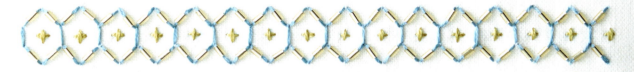

十字亀甲（2）　⇒サンプラー p.67／図案 p.75

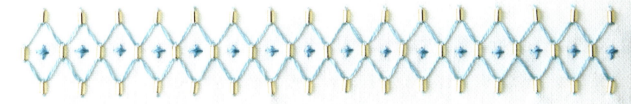

❖ 篭目の刺し方

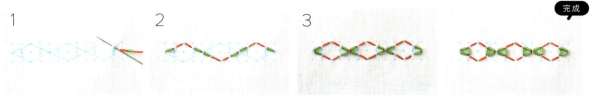

1・2：ビーズを入れながら斜めの線を刺す。　3：縦の線を刺す。

❖ 菱模様の刺し方

1・2：ビーズを入れながら斜めの線を刺す。上下の山部分は糸がクロスするように刺す。
3：端まで刺したら布を180度回し同様に反対側まで刺す。

❖ 立三枡の刺し方

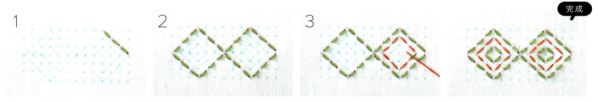

1：ビーズを入れながら斜めの線を山と谷を描くように刺す。　2：端まで刺したら布を180度回し、同様に反対側まで刺す。
3：内側の四角を刺す。

❖ 十字亀甲（1）の刺し方

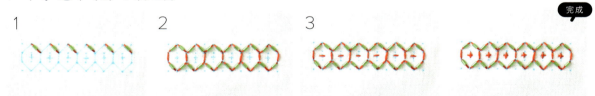

1：ビーズを入れながら斜めの線を刺す。　2：縦の線を刺す。　3：中央の十字を横の線→縦の線の順に刺す。

❖ 十字亀甲（2）の刺し方

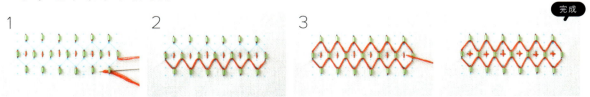

1：ビーズを入れながら縦の線を刺す。　2：斜めの線を刺す。下段に糸を引っ掛けながらくぐり刺しで端まで刺す。
3：布を180度回し、同様にくぐり刺しをする。中央の横の線を刺す。

二崩文　⇒サンプラー p.68／図案 p.75

花刺し　⇒サンプラー p.57／図案 p.75

比翼井桁　⇒サンプラー p.64／図案 p.75

麻の葉　⇒サンプラー p.69／図案 p.75

❖ 二崩文の刺し方

1：横の線を刺す。　2：縦の線を刺す。　3：1で刺した横の線と平行になるよう、四角にビーズを刺す。
4：2で刺した縦の線と平行になるよう、四角にビーズを刺す。

❖ 花刺しの刺し方

1：ビーズを入れながら中央の横、縦の線を刺す。　2：斜めの線を刺す。
3：糸を1本どりにして外側の横の線を刺す。　4：1本どりのまま縦の線を刺す。

❖ 比翼井桁の刺し方

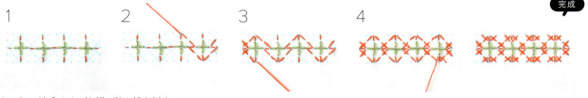

1：ビーズを入れながら横、縦の線を刺す。
2・3：山と谷を描くように斜めの線を刺す。端まで刺したら布を180度回し、元の場所まで刺す。　4：上下の十字を刺す。

❖ 麻の葉の刺し方

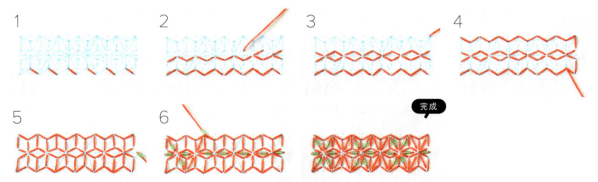

1・2・3：斜めの線を刺す。　4：縦の線を刺す。　5・6：ビーズを入れながら横、斜めの線を刺す。

BASIC STITCH ARRANGEMENT

⇒図案 p.78〜79

米刺し

米刺し

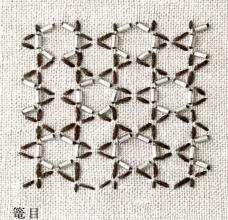

篭目

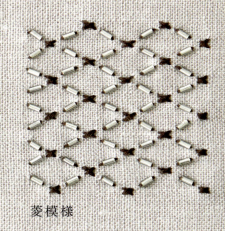

菱模様

十字つなぎ

立三枡

花刺し

比翼井桁

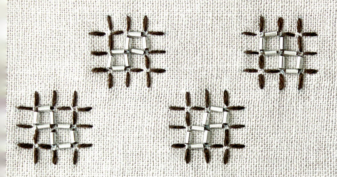
平井十文

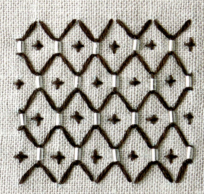
十字亀甲

二崩文

麻の葉

STITCH SAMPLER

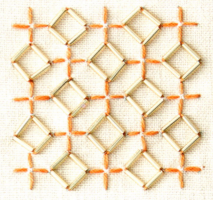

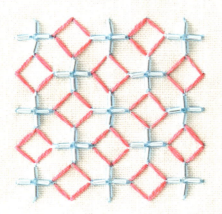

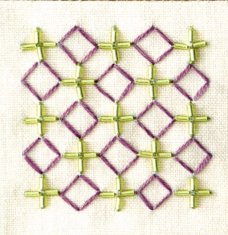

銭形刺し

四角の部分を二分竹ビーズや2色の一分竹ビーズを連結して刺してアレンジを楽しんで。図案がダイナミックなので、布面積の広いきんちゃくやポーチに刺すと映えます。

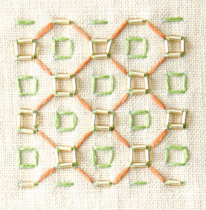

六文銭刺し

八角形の中と外の四角の色を替えたり、積み木のように重ねるのも楽しいです。右中央のように十字に組み合わせると花のように見えるので、ワンポイントでポーチなどに刺しても。

十字花刺し　縦と横の線で十字を刺した後、斜めの線を刺します。図案が間延びして見える場合は、十字を斜めにつなぐ破線をプラス。破線は糸を1〜2本どりにして他の線より控えめにするとバランス良く仕上がります。

杉綾　点を斜めにつなぎV字模様を描きます。一分竹ビーズで縦の線を刺してくぐり刺しをしたり、縦の線を省いてジグザグ模様にしたり。点の場所を変えて角度に変化をつけても。

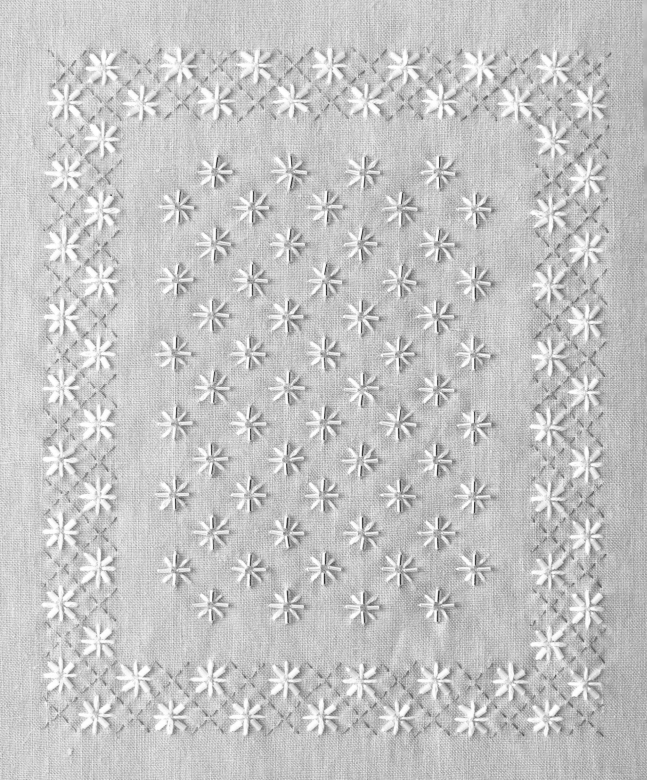

米刺し　刺したい範囲に米印がいくつ入るか計算した後、中心から上下左右に十字を描き、最後に斜め線を描くとバランス良く配置できます。縦と横の線にビーズを入れる場合は、斜め線の糸を少し短く刺すときれいに見える。

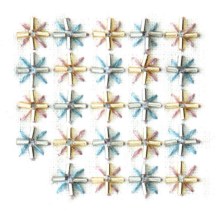
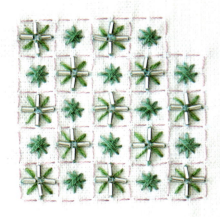
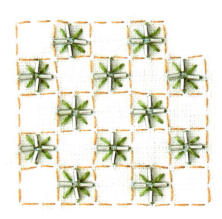
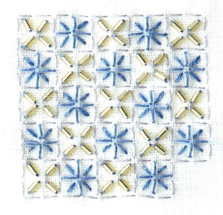
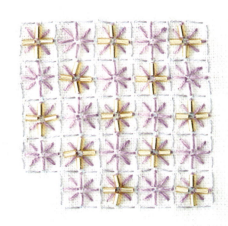
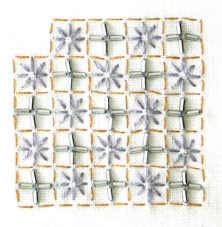

花刺し　四角いブローチやヘアアクセサリーなどの小物類に刺すと上品な印象の作品に。すべての四角に米印を刺す場合は、詰め込んだ印象にならないようにビーズと糸を交互に刺してバランスをとってください。

BEADS SASHIKO WORK

バレッタ、ポニーフック　金具の寸法に合わせて型紙を作り、その中に収まるように図案を考えます。身につけたときのサイズ感や、髪色との相性を考慮して布や刺繍糸の色を選ぶとよいでしょう。サテンやベロアの布をベースにしてビーズの割合を増やすとパーティー仕様になります。
》作り方 p.83／型紙 p.84

キーケース　刺す範囲が狭いので、柿の花のように一模様でインパクトのある図案がおすすめです。焦げ茶や黒など、シックな色の布に同色の刺繍糸やビーズで刺してもかっこいい。
≫作り方 p.82／型紙 p.85

くるみボタン　くるみボタンのサイズにカットした型紙を、模様の上に重ねて図案の範囲を決めるとイメージしやすくなります。ビーズはでき上がり線の近くに入れないようにしましょう。
≫作り方 p.83

オーナメント　ミシンが苦手な方は手縫いで仕立てても。ベロアに刺すとクリスマスっぽさがアップします。12月に入ったら毎日違う模様を刺して、ツリーのオーナメントを増やしていくのも楽しそう。
》作り方 p.80／型紙 p.85

STITCH SAMPLER

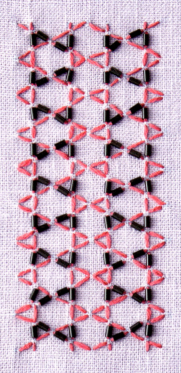

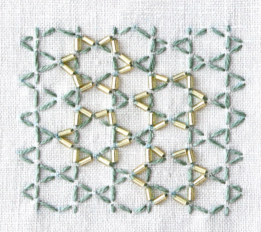

籠目　縦の線を刺し、次に斜め線を刺せば、リボン模様や星模様に見える小さな三角形と六角形がたくさん出てきます。目立たせたい線にビーズを入れれば模様が浮き上がってきます。

菱模様 ジグザグと斜めに刺す模様。糸が交差する部分はステッチの長さを揃えるときれいに見えます。上から2つ目のように2色の菱形を交差させることでアーガイル模様のような表情に。

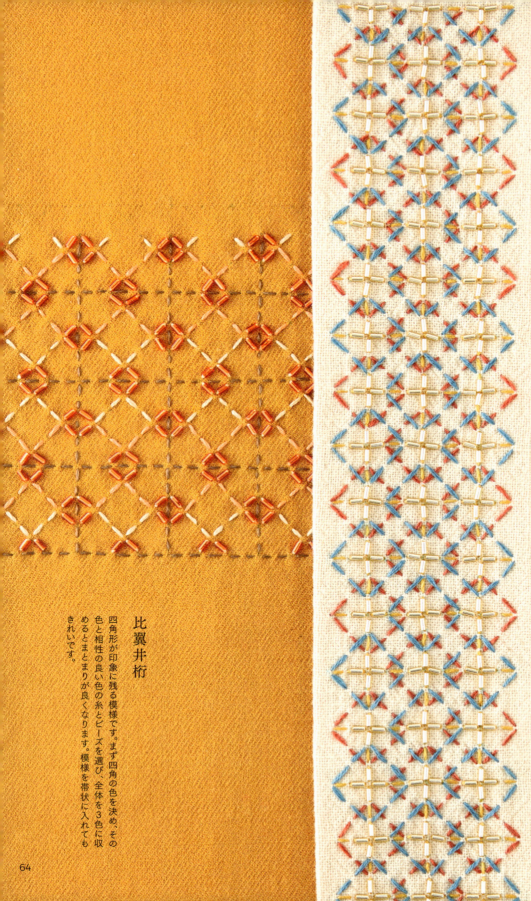

比翼井桁

四角形が印象に残る模様です。まず四角の色を決め、その色と相性の良い色の糸とビーズを選び、全体を3色に収めるとまとまりが良くなります。模様を帯状に入れてもきれいです。

64

平井十文　点を縦横につないだシンプルな模様で、規則正しく並べるとすっきりとした印象に。一模様ずつ刺して布全体に模様を散らすのもおすすめです。きんちゃくやバッグ、洋服に刺しても。

立三枡

点を斜めにつないで大中小の四角形を重ねます。一辺のステッチ数を変えたり、ビーズと糸の順番を入れ替えたり、三つの枡を分解して並べたり交差させたり、自由にアレンジしてください。

十字亀甲　5mm方眼で図案に起こしやすい変形六角形にアレンジしました。縦の線にビーズを刺すとくぐり刺しで刺すことができます。六角形をつなぎ合わせていろいろな形を表現しても。

二崩文　縦横、交互に線を描いて作る模様です。まずは糸を2色選び、どちらかと同じ色のビーズを合わせると色合いに統一感が出ます。模様の大きさ、刺す場所を自由に配置してダーニング風に楽しんでも。

麻の葉　雪紋の中を麻の葉模様で埋めたサンプルです。線がたくさんあるため糸は2本どりで使用。中央の交点部分は0.2mmほど隙間を空けると整います。図案を写すのが大変ですが、刺し終わりはとてもきれいです。

BEADS SASHIKO WORK

額縁 正方形、長方形、木製やステンレス、どんな額とも相性◎。フレームの色や素材、飾る場面をイメージして使う色を決め、模様は額のサイズに合わせて中心から上下左右に描いてください。
》作り方 p.83

マルチカバー　刺し子の模様をランダムに配置したマルチカバー。点を描き足しながら、いろいろな模様を落書きのように少しずつつけ足したり、両端だけ縁飾りをしたり、角や中央にワンポイントで一模様入れてもステキです。単色でも、思いきって多色使いで華やかに遊んでも。好きな模様を自由に配置して、好みのサイズで作ってみてください。
》作り方 p.83

BEADS SASHIKO BASIC STITCH
基本ステッチの図案

ビーズ刺し子の基本となるステッチの図案。横につなげたり縦に組み合わせたり、完成形をイメージしてアレンジを楽しんでください。

平山道　⇒ p.22

十の木　⇒ p.22

角十つなぎ　⇒ p.22

柿の花　⇒ p.22

段つなぎ　⇒ p.24

矢羽根　⇒ p.24

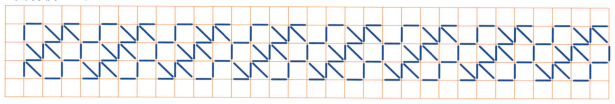

六文銭刺し　⇒ p.24

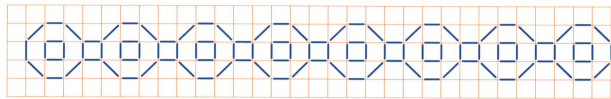

銭形刺し　⇒ p.24

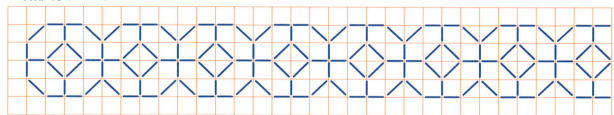

十字花刺し　⇒ p.24

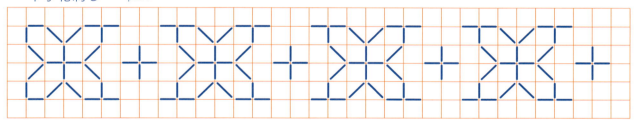

杉綾（1）　⇒ p.26

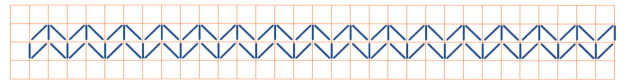

杉綾（2）　⇒ p.26

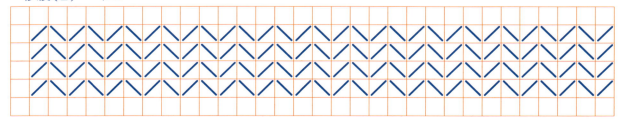

格子（1） ⇒ p.26

格子（2） ⇒ p.26

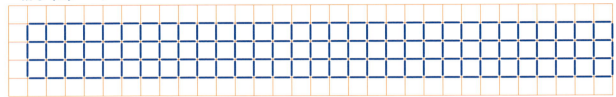

平井十文 ⇒ p.26

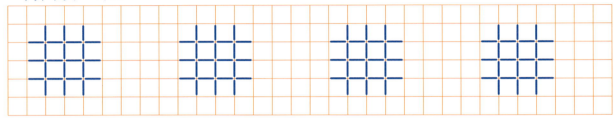

篭目 ⇒ p.46

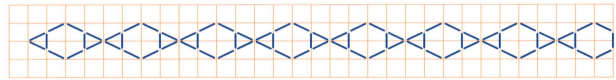

菱模様 ⇒ p.46

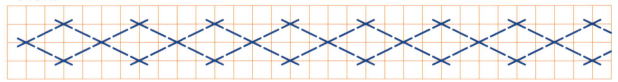

立三枡 ⇒ p.46

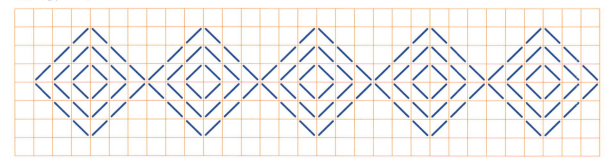

十字亀甲(1) ⇒ p.46

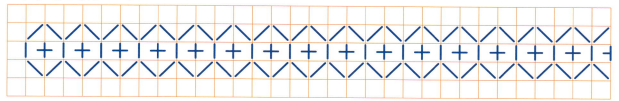

十字亀甲(2) ⇒ p.46

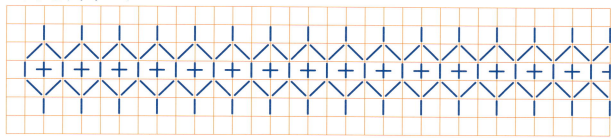

二崩文 ⇒ p.48

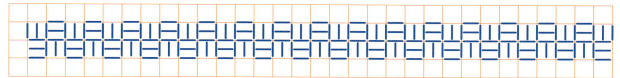

花刺し ⇒ p.48

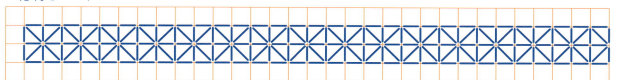

比翼井桁 ⇒ p.48

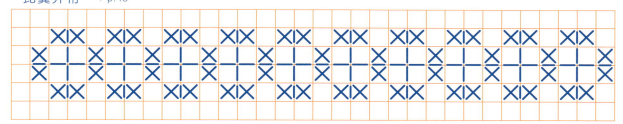

麻の葉 ⇒ p.48

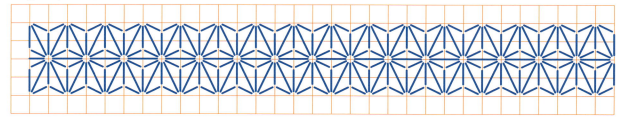

BASIC STITCH ARRANGEMENT
基本ステッチの応用とアレンジ図案

⇒ p.28 ～ 29

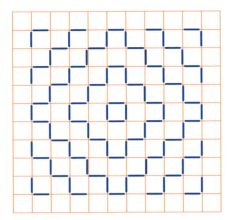
柿の花

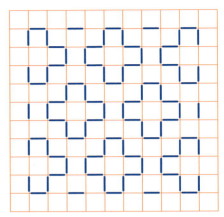
十の木

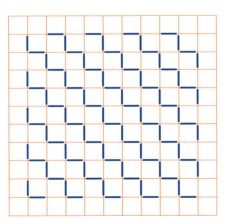
段つなぎ

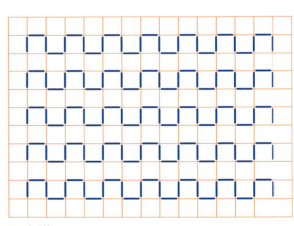
平山道

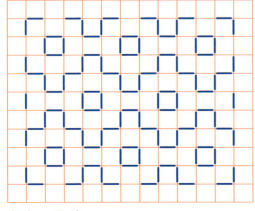
角十つなぎ

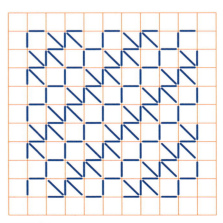
矢羽根

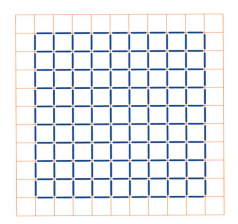
格子

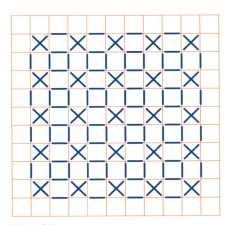
銭形刺し

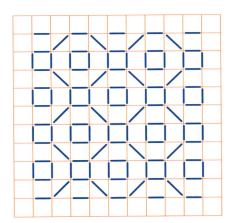
六文銭刺し

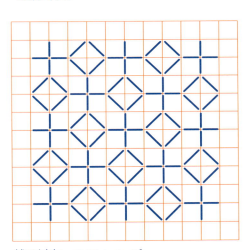
銭形刺しのアレンジ

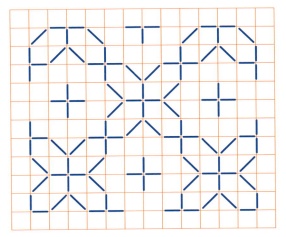
十字花刺し

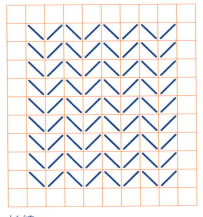
杉綾

⇒ p.50〜51

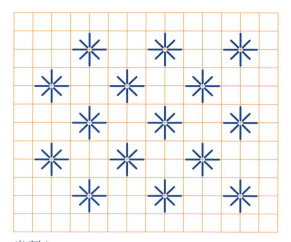

米刺し

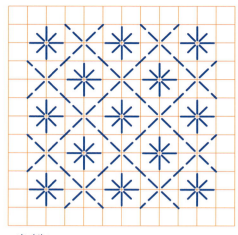

米刺し

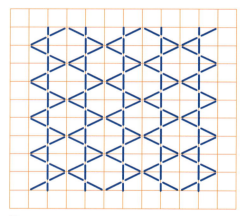

篭目

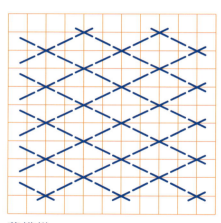

菱模様

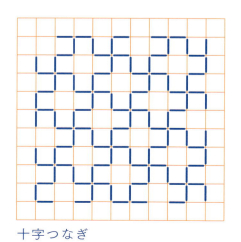

十字つなぎ

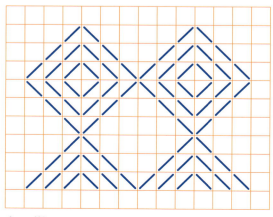

立三桝

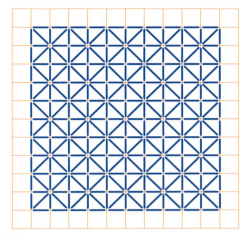
花刺し

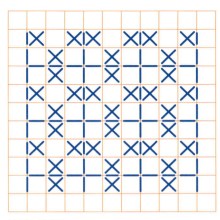
比翼井桁

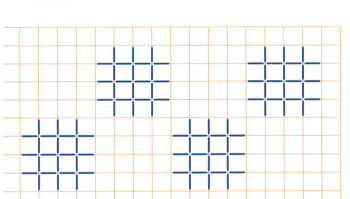
平井十文

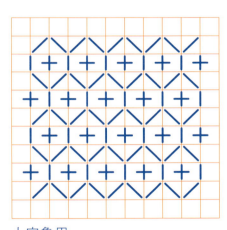
十字亀甲

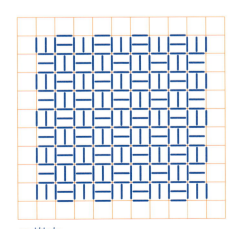
二崩文

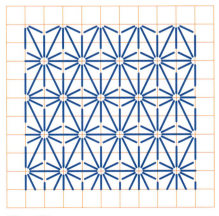
麻の葉

BEADS SASHIKO WORK
作品の作り方

本書で紹介した作品の作り方です。糸とビーズ以外の材料を記載しています。ビーズ刺し子はいろいろな作品に取り入れることができますので、以下の作り方をおおよその参考にしながら、好みの材料を用意してオリジナル作品を作ってみてください。

がまぐち　⇒ p.35／型紙p.85

材料（約7×8.5cm）
- 表布　　12×10cm　2枚
- 裏布　　12×10cm　2枚
- 接着芯　10×8cm　2枚
- 口金　　6.5cm

作り方
1. 表布、裏布（縫い代1cm）を各2枚裁断し、それぞれの裏面にでき上がり線と合印を描き、表布の裏面に接着芯（縫い代なし）をアイロンで貼る。表布の表面にビーズ刺し子をする。
2. 表布、裏布をそれぞれ中表に合わせ、底部分を縫う。裏布は返し口を5cm残しておく。Ⓐ
3. 表布と裏布の縫い代を割る。中表に合わせ、袋口を一周縫う。縫い代横のカーブに切り込みを入れる。Ⓑ
4. 返し口から表に返して形を整える。返し口をまつる。
5. 口金をつけて縫い留める。しつけ糸で仮止めをしておくとずれない。Ⓒ

＊刺し子糸（細／1本どり）で丸小ビーズを通しながら本体を縫い留めてもよい。

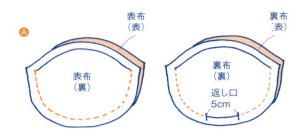

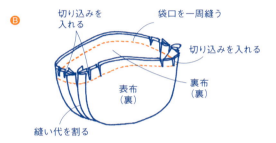

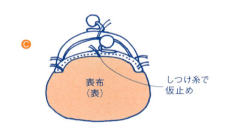

オーナメント　⇒ p.61／型紙p.85

材料（約6.5×6.5cm）
- 表布　　9×9cm　2枚
- 接着芯　7×7cm　2枚
- 手芸綿　お好みの量
- 1mm銀糸コード　16cm

作り方
1. 表布（縫い代1cm）を2枚裁断する。それぞれの裏面にでき上がり線を描き、表布の裏面に接着芯（縫い代なし）をアイロンで貼る。1枚の表面にビーズ刺し子をする。
2. 表布を中表に合わせ、上部のくぼみに吊るすためのひもを挟み、返し口を3cm残して一周縫う。縫い代を5mmにカットし、ひも部分のくぼみの縫い代に切り込みを入れる。Ⓐ
3. 返し口から表に返して形を整える。綿を詰めて返し口をまつる。

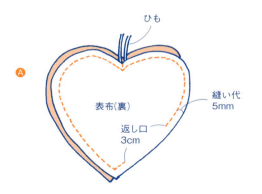

テトラポーチ　⇒p.36／型紙p.84

材料（底部分約10×10×10cm）
- 表布　　14×12cm　2枚
- 裏布　　14×12cm　2枚
- 接着芯　13×11cm　2枚
- ファスナー　10cm

作り方
1. 「ポーチ」と同様の手順でp.19-10まで作り、上下の破線部分を縫う。🅐
2. BとCの縫い代を割り、中表に合わせて表布の破線部分を縫う。裏布は返し口を5cm残して破線部分を縫う。その際、ファスナーは半分以上開けておく。🅑
3. 返し口から表に返して形を整える。返し口をまつる。

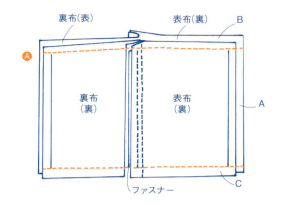
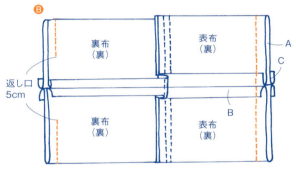

きんちゃく 大/小　⇒p.37／型紙p.85

材料　　（大21×16cm）　（小15.5×12cm）
- 表布　　44×18cm　　　34×14.5cm
- 裏布　　44×18cm　　　34×14.5cm
- 接着芯　43×17cm　　　33×13cm
- ひも　　120cm　　　　80cm

作り方
1. 表布、裏布（縫い代1cm）を各1枚裁断し、それぞれの裏面にでき上がり線とひも通し口を描く。表布の裏面に接着芯（縫い代なし）をアイロンで貼る。表布の表面にビーズ刺し子をする。
2. 表布と裏布を中表に合わせ、袋口を縫う。🅐
3. 図のように、表布と裏布をそれぞれ中表に合わせ、5cmの返し口とひも通し口を残して両脇を縫う。🅑
4. 返し口から表に返して形を整える。ひも通し口にステッチをする。返し口をまつる。🅒
5. 両脇からひもを通し、ひも先を結ぶ。

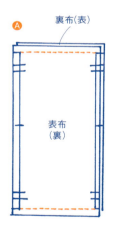
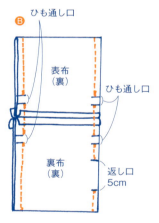

ソフトめがねケース　⇒p.42／型紙p.84

材料（約16.5×7cm）
- 表布　　19×17cm
- 裏布　　19×17cm
- 接着芯　18×16cm
- キルト芯（片面接着）　17×15cm

作り方
1. 表布、裏布（縫い代1cm）を各1枚裁断し、それぞれの裏面にでき上がり線と合印を描く。表布の裏面に接着芯（縫い代なし）をアイロンで貼る。表布の表面にビーズ刺し子をする。
2. 裏布の裏面にキルト芯（縫い代なし）をアイロンで貼る。
3. 表布、裏布をそれぞれ中表に合わせ、合印から底までを縫う。裏布は返し口を5cm残しておく。Ⓐ
4. 表布と裏布を中表に合わせ、合印から合印まで縫う。Ⓑ
5. 返し口から表に返して形を整える。返し口をまつる。

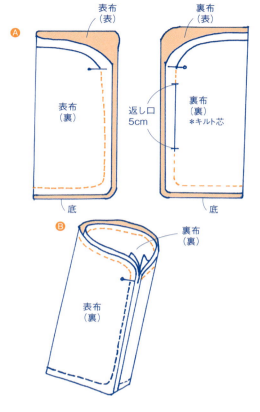

キーケース　⇒p.59／型紙p.85

材料（約8.5×7cm）
- 表布　　11×9cm　2枚
- 裏布　　11×9cm　2枚
- 接着芯　11×9cm　2枚
- ひも　　35cm
- リング　1個

作り方
1. 表布、裏布（縫い代7mm）を各2枚裁断する。それぞれの裏面にでき上がり線と合印を描き、表布の裏面に接着芯（縫い代なし）をアイロンで貼る。表布の表面にビーズ刺し子をする。
2. 表布と裏布を中表に合わせ、破線部分を縫う。Ⓐ
3. 縫い代を割り、中表に合わせて両端を縫う。Ⓑ
4. 表に返して形を整える。ひも通し口を1cm残してまつる。底側は表布と裏布の縫い代を内側へ折り込みまつる。Ⓒ
5. ひもにリングを通す。ひもを半分に折り、ひも先をキーケースの下から入れてひも通し口から出して結ぶ。

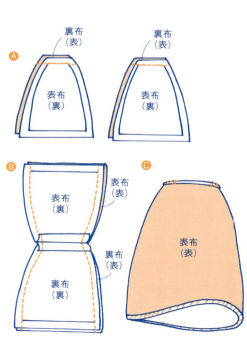

バレッタ、ポニーフック

⇒p.58／型紙p.84

材料 バレッタ	（約1.5×9.5cm）	
・表布	4×12cm	
・薄手合い布	約1.5×9.5cm	
・接着芯（ハードタイプ）	約1.5×9.5cm	

材料 ポニーフック	（約3×8cm）	（約2.5×6.5cm）
・表布	6×11cm	5×9cm
・薄手合い布	約3×8cm	約2.5×6.5cm
・接着芯（ハードタイプ）	3×8cm	2.5×6.5cm

＊薄手合い布…薄手ベロアなど

作り方
1. 表布（縫い代1cm）を裁断する。表面にビーズ刺し子をする。表布の裏に接着芯（縫い代なし）をアイロンで貼る。縫い代を折り込み布用ボンドで接着する。Ⓐ
2. 薄手合い布をボンドで貼り、バレッタ（またはポニーフック金具）をボンドでつける。Ⓑ
3.

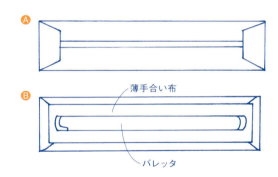

くるみボタン

⇒p.60

材料
・表布　1枚
・プラ包みボタン　1個

作り方
1. ボタンのサイズに合わせて表布を裁断する。表面にビーズ刺し子をする。
2. 周囲をぐし縫いする。プラ包みボタンを入れて糸を引き締める。

＊フェルトにブローチピンを縫い留め、ブローチの裏にボンドで貼るとブローチになる。

ピンクッション ①カップ入り／②正方形

⇒p.43／型紙p.84

材料	（①直径約5cm）	（②約6×6cm）
・表布	10×10cm1枚	10×10cm2枚
・接着芯	約4×4cm	6×6cm
・手芸綿	お好みの量	お好みの量

作り方①
1. 表布を裁断する。直径4cmにカットした接着芯を表布の裏面にアイロンで貼る。表面にビーズ刺し子をする。
2. 表布の周囲を一周ぐし縫いする。糸を引き締めながら好みの量の綿を詰める。糸端を玉止めする。
3. 直径5cm深さ3cmほどの豆皿（材料外）に入れる。

作り方②
1. 表布（縫い代1cm）を2枚裁断する。それぞれの裏面にでき上がり線を描き、表布の裏面に接着芯（縫い代なし）をアイロンで貼る。表面にビーズ刺し子をする。
2. 表布を中表に合わせ、返し口を2cm残して一周縫う。
3. 返し口から表に返して形を整える。綿を詰めて返し口をまつる。

額縁

⇒p.70

作り方
1. 額に入る大きさよりやや大きめに裁断した布の裏に額サイズに裁断した接着芯をアイロンで貼り、表にビーズ刺し子をする。額に入れる。

＊p.70は内寸法16.8×11.8cm、12×8.2cm、8.4×8.4cmの額を使用。

マルチカバー

⇒p.71

作り方
1. 好みのサイズ（縫い代1cm）に裁断した布の裏面にでき上がり線を描き、裏面に接着芯（縫い代なし）をアイロンで貼る。好きな模様のビーズ刺し子をする。
2. 同じ大きさの布を中表に合わせ、返し口を10cm残して周囲を一周縫う。返し口から表に返して形を整える。返し口をまつる。

＊p.71は30.5×41cm（縫い代1cm）。

BEADS SASHIKO WORK

型紙

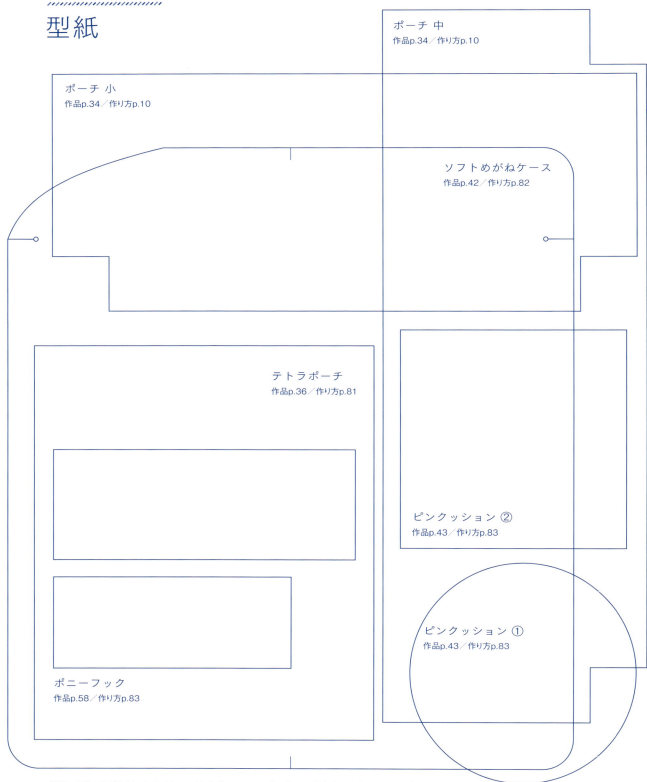

ポーチ 中
作品p.34／作り方p.10

ポーチ 小
作品p.34／作り方p.10

ソフトめがねケース
作品p.42／作り方p.82

テトラポーチ
作品p.36／作り方p.81

ピンクッション ②
作品p.43／作り方p.83

ピンクッション ①
作品p.43／作り方p.83

ポニーフック
作品p.58／作り方p.83

・型紙には縫い代が含まれていません。p.10およびp.80〜83の作り方ページを参照して、布に写す際に縫い代をつけてください。
・型紙の写し方はp.10を参照してください。

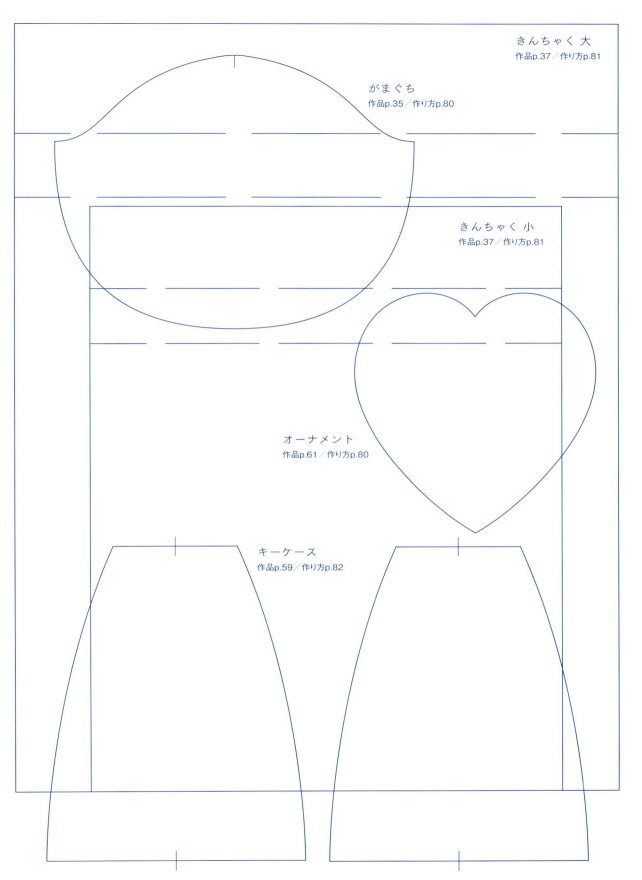

糸とビーズ一覧

この本で使用したビーズと刺繍糸です。刺繍糸はDMC刺繍糸25番糸、ビーズはトーホー株式会社の商品を使用しています。同様の作品を作る際の参考にしてください。

━ 基本の刺し方

p.14　21、554／菖蒲（一分竹）

━ BEADS SASHIKO SAMPLE

p.22　上から738、738、734、832
p.24　上から3364、522、988、502、988
p.26　上から778、778、316、316、224、152
p.46　上から598、597、3766、597・734、598、807
p.48　上から3836、209、318（1本どり）、554、318、209、3836
＊ビーズはすべてNo.22（一分竹）

━ STITCH ARRANGEMENT

p.28-29　3371
p.50-51　3371
＊ビーズはすべてNo.29（一分竹）

━ STITCH SAMPLER

p.30　右上3837／No.221、菖蒲（一分竹）
　　　中08、728、905／No.22F（一分竹）
　　　左下310、326／No.45、No.49（一分竹）

p.31　407／胡桃（一分竹）

p.32　左上988／胡桃（一分竹）
　　　右上899／菖蒲、桜（一分竹）
　　　左下734／No.108（一分竹）
　　　右下3011／No.108、胡桃（一分竹）

p.33　COLORIS4523／No.22、No29、桜（一分竹）

p.38　上3854／No.27（一分竹）
　　　下502／黄金（細二分竹）、天晴（細二分竹）

p.39　左上から3836／No.23（一分竹）
　　　793／菖蒲（一分竹）
　　　3760／No.21（細二分竹）
　　　987／No.23（一分竹）
　　　502／No.21（一分竹）

p.40　右562／菖蒲、胡桃（一分竹）
　　　中3790／No.23（一分竹）
　　　左3854／No.24、胡桃（一分竹）

p.41　右上3848、33／No.22（一分竹）
　　　中842／黄金（細二分竹）
　　　下832、3858／No.23（一分竹）

p.52　上3853／黄金（細二分竹）
　　　中3766、602／No.23（一分竹）
　　　下33、581／No.24（一分竹）

p.53　左829、720、972、919、315／No.22、No.24、
　　　No.25、菖蒲（一分竹）
　　　右上704、922／No.22（一分竹）
　　　右中3809／No.23、菖蒲（一分竹）
　　　右下829、209／No.27（一分竹）

p.54　左上581、922（2本どり）／No.22、No.44（一分竹）
　　　右上326、D168ディアマント（2本どり）／No.45、No.22（一分竹）
　　　左下602、209／No.22、No.23（一分竹）
　　　右下322、34（1本どり）／桜、黄金（細二分竹）

p.55　BLANC／No.21（一分竹）、白金（細二分竹）

p.56　ECRU、209（1本どり）／No.21、No.1401（一分竹）

p.57　左上3836、597／No.22、No.29（一分竹）
　　　左中435（1本どり）、470／No.29（一分竹）
　　　左下318（1本どり）、209／No.1、No.22（一分竹）
　　　右上3836（1本どり）、562、702／No.29（一分竹）
　　　右中318（1本どり）、826／No.1、22（一分竹）
　　　右下435（1本どり）／No.29（一分竹）

p.62　左上3804／No.49（一分竹）
　　　左下502／No.22（一分竹）
　　　右上899／No.24（一分竹）
　　　右下3765／No.28、菖蒲（一分竹）

p.63　上から597／菖蒲（一分竹）
　　　535、322／No.22（一分竹）
　　　3765／No.22、No.27（一分竹）
　　　610、922／No.22、No.25（一分竹）
　　　435／菖蒲（一分竹）

p.64　縦3852、3809、922／No.22（一分竹）
　　　横839、922、422（2本どり）／No.25（一分竹）

p.65　D168ディアマント（2本どり）／No.21（一分竹）

p.66　D3821ディアマント（2本どり）／No.22（一分竹）

＊指定がない場合は、糸はすべて3本どり

p.67　上597、598、728、3809／No.23（一分竹）
　　　中上919、986、988／No.22F、No.24、No.27（一分竹）
　　　中下702、720／胡桃（一分竹）
　　　下720、807、3765／No.23（一分竹）

p.68　左上から下に18、913／No.23（一分竹）
　　　169、3766／No.168（一分竹）
　　　3790、166／菖蒲（一分竹）
　　　22、832／No.45（一分竹）
　　　中央上から下に156、3836／No.23、桜（一分竹）
　　　581、922／No.44（一分竹）
　　　435、807／胡桃（一分竹）
　　　223、3362／No.145（一分竹）
　　　左上から下に612、3833／No.22F（一分竹）
　　　315、470／No.108（一分竹）
　　　720、972／No.42（一分竹）
　　　318、930／No.29（一分竹）

p.69　上505（2本どり）、986（1本どり、アウトラインステッチ）／No.1（一分竹）
　　　下597（2本どり）、3765（1本どり、アウトラインステッチ）／No.1（一分竹）

▬ BEADS SASHIKO WORK

p.34　ポーチ
　　　十の木（上ピンク）3328／No.22、No.111（一分竹）
　　　十の花刺し（中上ペパーミント）33／No.22（一分竹）
　　　立三枡（中央ベージュ）562、807／No.23、No.27（一分竹）
　　　十字亀甲（中下水色）21・554／菖蒲（一分竹）
　　　角十つなぎ（下ラベンダー）3809／No.22（一分竹）

p.35　がま口
　　　銭形刺し（上紫）612、597／No.22（一分竹）CR711
　　　杉綾（左中黄）3833／No.22、No.23、桜（一分竹）
　　　柿の花（左下グレー）832、21／No.22（一分竹）
　　　菱模様（右中ベージュ）702／No.23、菖蒲（一分竹）
　　　十の木（左下ピンク）986／No.721（一分竹）
　　　＊口金部分にロイヤルビーズ スリーカットCR-221、CR-711を使用

p.36　テトラポーチ
　　　平山道（左オレンジ）3852、734／No.24（一分竹）
　　　格子・六文銭刺し（中紫）597、422、778／No.22（一分竹）
　　　段つなぎ（右黄緑）435、21／胡桃（一分竹）

p.37　きんちゃく
　　　六文銭刺し×篭目（黄）ECRU／No.21（一分竹）
　　　平山道×十の木×角十つなぎ（青緑）3836／No.21（一分竹）
　　　柿の花（グレー）832、3809／胡桃（一分竹）、松（細二分竹）
　　　米刺し（グリーン）738／No.22（一分竹）、黄金（細二分竹）

p.42　ソフトめがねケース
　　　篭目（左ベージュ）562／No.22（一分竹）
　　　柿の花（中ブルー）21／No.22（一分竹）
　　　十字花刺し（右グリーン）987、422／No.22、No.27（一分竹）

p.43　ピンクッション
　　　篭目（左四角）435／No.221（一分竹）
　　　格子（上黄）ECRU／菖蒲（一分竹）
　　　麻の葉（中右上ラベンダー）3750（2本どり）／
　　　No.21（一分竹）
　　　十字花刺し（中下オリーブ）422、972（1本どり）／
　　　No.22、No.25（一分竹）
　　　花刺し（右四角）166、3766（1本どり）／菖蒲（一分竹）

p.58　ポニーフック
　　　杉綾（左グレー）BLANC／No.29（一分竹）
　　　比翼井桁（右茶）ECRU／胡桃（一分竹）
　　　バレッタ
　　　花刺し（左ピンク）3328、3854（2本どり）／No.22
　　　矢羽根（中左グレー）3848／No.23（一分竹）
　　　杉綾（中右ベージュ）3853、832／菖蒲（一分竹）
　　　二崩文（右濃グレー）155、3836／No.21（一分竹）

p.59　キーケース
　　　菱模様（左黄）34／No.24、No.25（一分竹）
　　　二崩文（右ピンク）728、913／No.23（一分竹）

p.60　くるみボタン
　　　BLANC、3804、603、778、209、33、502、911、166、
　　　721、18、972、826、3848、807／No.22、No.23、
　　　No.24、No.27、No.29、No.111、No.121、桜、菖蒲（一
　　　分竹）

p.61　オーナメント
　　　米刺し（左上写真・赤）762（1本どり）、598／No.21（一分竹）
　　　菱模様（右上写真・瓶口緑）554／No.29（一分竹）
　　　銭形刺し（下写真・左赤）3848／No.22（一分竹）
　　　十字亀甲（下写真・上緑）166、3766／No.23（一分竹）
　　　十の木（下写真・中緑）3854／No.22（一分竹）
　　　段つなぎ（下写真・下赤）911／No.24（一分竹）

p.70　額縁
　　　大　米刺し、花刺し　839（1本どり）919／
　　　　　　　　　　　　　No.221、胡桃（一分竹）
　　　中　比翼井桁　　　　435、505／No.22（一分竹）
　　　小　杉綾　　　　　　642、738／No.22（一分竹）

p.71　マルチカバー
　　　311、336、3750／No.29（一分竹）
　　　823、930、317／銀鼠（細二分竹）

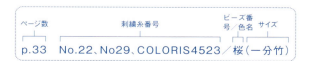

米永真由美

文化女子大学卒業後、東京、名古屋、大阪、福岡でビーズ刺繍教室を開講。数々の雑誌に作品を提供するほか、国内ビーズメーカーや手芸メーカーのアドバイザーを務める。「ビーズ・デコ刺しゅう認定講座」(日本シードビーズ協会)エグゼクティブデザイナー。著書に『はじめてのビーズ刺し子』(ブティック社)などがある。

https://www.m-yone.com
Instagram　@mayumi_yonenaga

撮影／福井裕子
デザイン／室田彩乃(oto)
作図／株式会社ウエイド 手芸制作部
　　　(渡辺信吾)
イラスト／吉国町子
校正／野中良美
編集／古池日香留

素材協力
DMC
東京都千代田区神田紺屋町13番地
山東ビル7F
TEL 03-5296-7831
https://www.dmc.com/

トーホー株式会社
広島県広島市西区三篠町2-19-19
TEL 082-237-5151
http://www.toho-beads.co.jp

用具協力
クロバー株式会社
大阪府大阪市東成区中道3-15-5
TEL 06-6978-2277(お客様係)
https://clover.co.jp

撮影協力
○room103　042-577-3452
https://room103.letemin.jp

基本の刺し方、ビーズと刺繍糸の組み合わせ方サンプル集
ビーズ刺し子のステッチアイデア

2025年4月20日　発行　　　　　　　　　　　　　NDC594

著　　者	米永真由美(よねながまゆみ)
発　行　者	小川雄一
発　行　所	株式会社 誠文堂新光社 〒113-0033 東京都文京区本郷3-3-11 https://www.seibundo-shinkosha.net/
印刷・製本	株式会社 大熊整美堂

©Mayumi Yonenaga. 2025　　　　　　　　　Printed in Japan

本書掲載記事の無断転用を禁じます。

落丁本・乱丁本の場合はお取り替えいたします。

本書の内容に関するお問い合わせは、小社ホームページのお問い合わせフォームをご利用ください。

本書に掲載された記事の著作権は著者に帰属します。これらを無断で使用し、展示・販売・レンタル・講習会などを行うことを禁じます。

JCOPY <(一社)出版者著作権管理機構　委託出版物>

本書を無断で複製複写(コピー)することは、著作権法上での例外を除き、禁じられています。本書をコピーされる場合は、そのつど事前に、(一社)出版者著作権管理機構(電話 03-5244-5088／FAX 03-5244-5089／e-mail：info@jcopy.or.jp)の許諾を得てください。

ISBN978-4-416-62417-3